Die lustigsten Geschichten von

Wilhelm Busch

für Kinder

Schwager & Steinlein

Inhalt

Max und Moritz

Eine Bubengeschichte in sieben Streichen

Max und Moritz machten beide,
als sie lebten, keinem Freude:
Bildlich siehst du jetzt die Possen,
die in Wirklichkeit verdrossen,
mit behaglichem Gekicher,
weil du selbst vor ihnen sicher.
Aber das bedenke stets:
Wie man's treibt, mein Kind, so geht's.

Vorwort

Ach, was muss man oft von bösen
Kindern hören oder lesen!
Wie zum Beispiel hier von diesen,
welche Max und Moritz hießen;
die, anstatt durch weise Lehren
sich zum Guten zu bekehren,
oftmals noch darüber lachten
und sich heimlich lustig machten.
Ja, zur Übeltätigkeit,
ja, dazu ist man bereit!
Menschen necken, Tiere quälen,
Äpfel, Birnen, Zwetschgen stehlen –
das ist freilich angenehmer
und dazu auch viel bequemer,
als in Kirche oder Schule
festzusitzen auf dem Stuhle.
Aber wehe, wehe, wehe!
Wenn ich auf das Ende sehe!
Ach, das war ein schlimmes Ding,
wie es Max und Moritz ging.
Drum ist hier, was sie getrieben,
abgemalt und aufgeschrieben.

Erster Streich

Mancher gibt sich viele Müh'
mit dem lieben Federvieh;
einesteils der Eier wegen,
welche diese Vögel legen,
zweitens: Weil man dann und wann
einen Braten essen kann.
Drittens aber nimmt man auch
ihre Federn zum Gebrauch
in die Kissen und die Pfühle,
denn man liegt nicht gerne kühle.

Seht, da ist die Witwe Bolte,
die das auch nicht gerne wollte.
Ihrer Hühner waren drei
und ein stolzer Hahn dabei.
Max und Moritz dachten nun:
Was ist hier jetzt wohl zu tun?

Ganz geschwinde, eins, zwei, drei,
schneiden sie sich Brot entzwei,
in vier Teile, jedes Stück
wie ein kleiner Finger dick.
Diese binden sie an Fäden,
übers Kreuz, ein Stück an jeden,
und verlegen sie genau
in den Hof der guten Frau.

Kaum hat dies der Hahn gesehen,
fängt er auch schon an zu krähen:
Kikeriki! Kikikerikih!
Tak, tak, tak, da kommen sie.

Hahn und Hühner schlucken munter
jedes ein Stück Brot hinunter.

Aber als sie sich besinnen,
konnte keines recht von hinnen.

In die Kreuz und in die Quer'
reißen sie sich hin und her,

flattern auf und in die Höh',
ach herrje, herrjemine!

Ach, sie bleiben an dem langen,
dürren Ast des Baumes hangen.
Und ihr Hals wird lang und länger,
ihr Gesang wird bang und bänger;

jedes legt noch schnell ein Ei
und dann kommt der Tod herbei.

Witwe Bolte in der Kammer
hört im Bette diesen Jammer;

ahnungsvoll tritt sie heraus;
ach, was war das für ein Graus!
„Fließet aus dem Aug', ihr Tränen!
All mein Hoffen, all mein Sehnen,
meines Lebens schönster Traum
hängt an diesem Apfelbaum!"

Tief betrübt und sorgenschwer
kriegt sie jetzt das Messer her;

nimmt die Toten von den Strängen,
dass sie so nicht länger hängen.

Und mit stummem Trauerblick
kehrt sie in ihr Haus zurück.

Dieses war der erste Streich,
doch der zweite folgt sogleich.

Zweiter Streich

Als die gute Witwe Bolte
sich von ihrem Schmerz erholte,
dachte sie so hin und her,
dass es wohl das Beste wär',
die Verstorbnen, die hienieden
schon so frühe abgeschieden,
ganz im Stillen und in Ehren
gut gebraten zu verzehren.

Freilich war die Trauer groß,
als sie nun so nackt und bloß
abgerupft am Herde lagen,
sie, die einst in schönen Tagen
bald im Hofe, bald im Garten
lebensfroh im Sande scharrten.
Ach, Frau Bolte weint auf's Neu'
und der Spitz steht auch dabei.
Max und Moritz rochen dieses.
„Schnell auf's Dach gekrochen!", hieß es.

Durch den Schornstein mit Vergnügen
sehen sie die Hühner liegen.
Die schon ohne Kopf und Gurgeln
lieblich in der Pfanne schmurgeln.
Eben geht mit einem Teller
Witwe Bolte in den Keller,
dass sie von dem Sauerkohle
eine Portion sich hole,
wofür sie besonders schwärmt,
wenn er wieder aufgewärmt.
Unterdessen auf dem Dache
ist man tätig bei der Sache.
Max hat schon mit Vorbedacht
eine Angel mitgebracht.
Schnupdiwup! – Da wird nach oben
schon ein Huhn heraufgehoben.
Schnupdiwup! – Jetzt Numro zwei;
Schnupdiwup! – Jetzt Numro drei;
und jetzt kommt noch Numro vier:
Schnupdiwup! – Dich haben wir!
Zwar der Spitz sah es genau
und er bellt: Rawau! Rawau!

Aber schon sind sie ganz munter
fort und von dem Dach herunter.

Na! Das wird Spektakel geben,
denn Frau Bolte kommt soeben;
angewurzelt stand sie da,
als sie nach der Pfanne sah.

Alle Hühner waren fort —
„Spitz!!" — das war ihr erstes Wort.
„Oh, du Spitz, du Ungetüm!
Aber wart'! Ich komme ihm!"

Mit dem Löffel groß und schwer
geht es über Spitzen her;
laut ertönt sein Wehgeschrei,
denn er fühlt sich schuldenfrei.

Max und Moritz im Verstecke
schnarchen aber an der Hecke,
und vom ganzen Hühnerschmaus
guckt nur noch ein Bein heraus.

Dieses war der zweite Streich,
doch der dritte folgt sogleich.

Dritter Streich

Jedermann im Dorfe kannte
einen, der sich Böck benannte.
Alltagsröcke, Sonntagsröcke,
lange Hosen, spitze Fräcke,
Westen mit bequem' Taschen,
warme Mäntel und Gamaschen —
alle diese Kleidungssachen
wusste Schneider Böck zu machen.

Oder wäre was zu flicken,
abzuschneiden, anzustücken,
oder gar ein Knopf der Hose
abgerissen oder lose —
wie und wo und was es sei,
hinten, vorne, einerlei —
alles macht der Meister Böck,
denn das ist sein Lebenszweck.

Drum so hat in der Gemeinde
jedermann ihn gern zum Freunde.
Aber Max und Moritz dachten,
wie sie ihn verdrießlich machten.
Nämlich vor des Meisters Hause
floss ein Wasser mit Gebrause.

Übers Wasser führt ein Steg
und darüber geht der Weg.
Max und Moritz, gar nicht träge,
sägen heimlich mit der Säge —
Ritzeratze! — voller Tücke
in die Brücke eine Lücke.

Als nun diese Tat vorbei,
hört man plötzlich ein Geschrei:
„He, heraus! Du Ziegen-Böck!
Schneider, Schneider, meck, meck, meck!"
Alles konnte Böck ertragen,
ohne nur ein Wort zu sagen;
aber wenn er dies erfuhr,
ging's ihm wider die Natur.

Schnelle springt er mit der Elle
über seines Hauses Schwelle,
denn schon wieder ihm zum Schreck
tönt ein lautes: „Meck, meck, meck!"

Und schon ist er auf der Brücke –
Kracks! – die Brücke bricht in Stücke.

Wieder tönt es: „Meck, meck, meck!"
Plums! – Da ist der Schneider weg!

Grad als dieses vorgekommen,
kommt ein Gänsepaar geschwommen,
welches Böck in Todeshast
krampfhaft bei den Beinen fasst.
Beide Gänse in der Hand
flattert er auf trocknes Land.

Übrigens, bei alledem
ist so etwas nicht bequem;

wie denn Böck von der Geschichte
auch das Magendrücken kriegte.

Hoch ist hier Frau Böck zu preisen!
Denn ein heißes Bügeleisen,
auf den kalten Leib gebracht,
hat es wieder gutgemacht.

Bald im Dorf hinauf, hinunter,
hieß es: Böck ist wieder munter!

Dieses war der dritte Streich,
doch der vierte folgt sogleich.

Vierter Streich

Also lautet ein Beschluss:
Dass der Mensch was lernen muss.
Nicht allein das Abc
bringt den Menschen in die Höh';
nicht allein im Schreiben, Lesen
übt sich ein vernünftig' Wesen;
nicht allein in Rechnungssachen
soll der Mensch sich Mühe machen,
sondern auch der Weisheit Lehren
muss man mit Vergnügen hören.
Dass dies mit Verstand geschah,
war Herr Lehrer Lämpel da.

Max und Moritz, diese beiden,
mochten ihn darum nicht leiden;
denn wer böse Streiche macht,
gibt nicht auf den Lehrer acht.
Nun war dieser brave Lehrer
von dem Tobak ein Verehrer,
was man ohne alle Frage
nach des Tages Müh' und Plage
einem guten, alten Mann
auch von Herzen gönnen kann.

Max und Moritz, unverdrossen,
sinnen aber schon auf Possen,
ob vermittels seiner Pfeifen
dieser Mann nicht anzugreifen.
Einstens, als es Sonntag wieder
und der Lämpel brav und bieder
in der Kirche mit Gefühle
saß vor seinem Orgelspiele,

schlichen sich die bösen Buben
in sein Haus und seine Stuben,
wo die Meerschaumpfeife stand;
Max hält sie in seiner Hand;
aber Moritz aus der Tasche
zieht die Flintenpulverflasche,
und geschwinde — stopf, stopf, stopf! —
Pulver in den Pfeifenkopf.

Jetzt nur still und schnell nach Haus',
denn schon ist die Kirche aus.
Eben schließt in sanfter Ruh',
Lämpel seine Kirche zu;
und mit Buch und Notenheften,
nach besorgten Amtsgeschäften,
lenkt er freudig seine Schritte
zu der heimatlichen Hütte

und voll Dankbarkeit sodann
zündet er sein Pfeifchen an.

„Ach!" — spricht er — „Die größte Freud'
ist doch die Zufriedenheit!"
Rums! — Da geht die Pfeife los
mit Getöse, schrecklich groß.
Kaffeetopf und Wasserglas,
Tabaksdose, Tintenfass,
Ofen, Tisch und Sorgensitz —
alles fliegt im Pulverblitz.

Als der Dampf sich nun erhob,
sieht man Lämpel, der — Gottlob! —
lebend auf dem Rücken liegt;
doch er hat was abgekriegt.
Nase, Hand, Gesicht und Ohren
sind so schwarz als wie die Mohren
und des Haares letzter Schopf
ist verbrannt bis auf den Kopf.

Wer soll nun die Kinder lehren
und die Wissenschaft vermehren?
Wer soll nun für Lämpel leiten
seine Amtestätigkeiten?
Woraus soll der Lehrer rauchen,
wenn die Pfeife nicht zu brauchen?

Mit der Zeit wird alles heil,
nur die Pfeife hat ihr Teil.

Dieses war der vierte Streich,
doch der fünfte folgt sogleich.

Fünfter Streich

Wer im Dorfe oder Stadt
einen Onkel wohnen hat,
der sei höflich und bescheiden,
denn das mag der Onkel leiden.
Morgens sagt man: „Guten Morgen!
Haben Sie was zu besorgen?"
Bringt ihm, was er haben muss:
Zeitung, Pfeife, Fidibus.
Oder sollt' es wo im Rücken
drücken, beißen oder zwicken,
gleich ist man mit Freudigkeit
dienstbeflissen und bereit.

Oder sei's nach einer Prise,
dass der Onkel heftig niese,
ruft man: „Prosit!" alsogleich,
„Danke, wohl bekomm' es Euch!"
Oder kommt er spät nach Haus',
zieht man ihm die Stiefel aus,
holt Pantoffel, Schlafrock, Mütze,
dass er nicht im Kalten sitze.
Kurz, man ist darauf bedacht,
was dem Onkel Freude macht.
Max und Moritz ihrerseits
fanden darin keinen Reiz.

Denkt euch nur, welch schlechten Witz
machten sie mit Onkel Fritz!
Jeder weiß, was so ein Mai-
käfer für ein Vogel sei.
In den Bäumen hin und her
fliegt und kriecht und krabbelt er.
Max und Moritz, immer munter,
schütteln sie vom Baum herunter.

In die Tüte von Papiere
sperren sie die Krabbeltiere.
Fort damit und in die Ecke
unter Onkel Fritzens Decke!

Bald zu Bett geht Onkel Fritze
in der spitzen Zippelmütze;

seine Augen macht er zu,
hüllt sich ein und schläft in Ruh'.

Doch die Käfer, kritze, kratze,
kommen schnell aus der Matratze.

Schon fasst einer, der voran,
Onkel Fritzens Nase an.

„Bau!" – schreit er – „Was ist das hier?!"
und erfasst das Ungetier.

Und den Onkel, voller Grausen,
sieht man aus dem Bette sausen.

„Autsch!" — Schon wieder hat er einen
im Genicke, an den Beinen;

hin und her und rundherum
kriecht es, fliegt es mit Gebrumm.

Onkel Fritz, in dieser Not,
haut und trampelt alles tot.

Guckste wohl! Jetzt ist's vorbei
mit der Käferkrabbelei!

Onkel Fritz hat wieder Ruh'
und macht seine Augen zu.

Dieses war der fünfte Streich,
doch der sechste folgt sogleich.

Sechster Streich

In der schönen Osterzeit,
wenn die frommen Bäckersleut'
viele süße Zuckersachen
backen und zurechte machen,
wünschten Max und Moritz auch
sich so etwas zum Gebrauch.
Doch der Bäcker, mit Bedacht,
hat das Backhaus zugemacht.

Also, will hier einer stehlen,
muss er durch den Schlot sich quälen.

Ratsch! — Da kommen die zwei Knaben
durch den Schornstein, schwarz wie Raben.

Puff! — Sie fallen in die Kist',
wo das Mehl darinnen ist.

Da! Nun sind sie alle beide
rundherum so weiß wie Kreide.

Aber schon mit viel Vergnügen
sehen sie die Brezeln liegen.

Knacks! — Da bricht der Stuhl entzwei.

Schwapp! – Da liegen sie im Brei.

Ganz von Kuchenteig umhüllt,
stehn sie da als Jammerbild.

Gleich erscheint der Meister Bäcker
und bemerkt die Zuckerschlecker.

Eins, zwei, drei! – Eh' man's gedacht,
sind zwei Brote draus gemacht.

In dem Ofen glüht es noch –
Ruff! damit ins Ofenloch!

Ruff! — Man zieht sie aus der Glut,
denn nun sind sie braun und gut.

Jeder denkt, die sind perdü!
Aber nein! Noch leben sie!

Knupser, knasper! — Wie zwei Mäuse
fressen sie durch das Gehäuse;

und der Meister Bäcker schrie:
„Ach herrje! Da laufen sie!"

Dieses war der sechste Streich,
doch der letzte folgt sogleich.

Letzter Streich

Max und Moritz, wehe euch!
Jetzt kommt euer letzter Streich!
Wozu müssen auch die beiden
Löcher in die Säcke schneiden?

Seht, da trägt der Bauer Mecke
einen seiner Maltersäcke.

Aber kaum, dass er von hinnen,
fängt das Korn schon an zu rinnen.

Und verwundert steht und spricht er:
„Zapperment! Dat Ding werd lichter!"

Hei! Da sieht er voller Freude
Max und Moritz im Getreide.

Rabs! — In seinen großen Sack
schaufelt er das Lumpenpack.

Max und Moritz wird es schwüle,
denn nun geht es nach der Mühle.

„Meister Müller, he, heran!
Mahl' er das so schnell er kann!"

„Her damit!" – Und in den Trichter
schüttelt er die Bösewichter.

Rickeracke! Rickeracke!
geht die Mühle mit Geknacke.

Hier kann man sie noch erblicken,
fein geschroten und in Stücken.

Doch sogleich verzehret sie
Meister Müllers Federvieh.

Schluss

Als man dies im Dorf erfuhr,
war von Trauer keine Spur.
Witwe Bolte, mild und weich,
sprach: „Sieh da, ich dacht' es gleich!"
„Ja, ja, ja!", rief Meister Böck,
„Bosheit ist kein Lebenszweck!"
Drauf, so sprach Herr Lehrer Lämpel:
„Dies ist wieder ein Exempel!"
„Freilich!", meint der Zuckerbäcker,
„Warum ist der Mensch so lecker?!"
Selbst der gute Onkel Fritze
sprach: „Das kommt von dumme Witze!"
Doch der brave Bauersmann
dachte: „Wat geiht meck dat an?!"
Kurz, im ganzen Ort herum
ging ein freudiges Gebrumm:
„Gott sei Dank! Nun ist's vorbei
mit der Übeltäterei!"

Maler Klecksel
Eine lustige Bildergeschichte

Nachdem die Welt so manches Jahr
im alten Gleis gegangen war,
erfuhr dieselbe unvermutet,
dass, als der Wächter zwölf getutet,
bei Klecksels, wohnhaft Nr. 3,
ein Knäblein angekommen sei.
Bald ist's im Kirchenbuch zu lesen;
denn wer bislang nicht dagewesen,
wer als so gänzlich Unbekannter,
nunmehr als neuer Anverwandter,
ein glücklich' Elternpaar besucht,
wird flugs verzeichnet und gebucht.

Kritzkratz! — Als kleiner Weltphilister
steht Kuno Klecksel im Register.
Früh zeigt er seine Energie,
indem er ausdermaßen schrie;
denn früh belehrt ihn die Erfahrung:
Sobald er schrie, bekam er Nahrung.
Dann lutscht er emsig und behände,
bis dass die Flüssigkeit zu Ende.

Auch schien's ihm höchst verwundersam,
wenn jemand mit der Lampe kam.
Er staunt, er glotzt, er schaut verquer,
folgt der Erscheinung hin und her
und weidet sich am Lichteffekt.
Man sieht bereits, was in ihm steckt.

Schnell nimmt er zu, wird stark und feist
— an Leib nicht minder wie an Geist —
und zeigt bereits als kleiner Knabe
des Zeichnens ausgeprägte Gabe.

Zunächst mit einem Schieferstiele
macht er Gesichter im Profile;
zwei Augen aber fehlen nie,
denn die, das weiß er, haben sie.

Durch Übung wächst der Menschenkenner.
Bald malt er auch schon ganze Männer
und zeichnet fleißig, oft und gern
sich einen wohlbeleibten Herrn.
Und nicht nur wie er außen war,
nein, selbst das Innre stellt er dar.
Hier thront der Mann auf seinem Sitze
und isst zum Beispiel Hafergrütze.
Der Löffel führt sie in den Mund,
sie rinnt und rieselt durch den Schlund,
sie wird, indem sie weiterläuft,
sichtbar im Bäuchlein angehäuft.
So blickt man klar, wie selten nur,
ins innre Walten der Natur.

Doch ach! Wie bald wird uns verhunzt
die schöne Zeit naiver Kunst;
wie schnell vom elterlichen Stuhle
setzt man uns auf die Bank der Schule!

Herr Bötel nannte sich der Lehrer,
der, seinerseits kein Kunstverehrer,
mehr auf das Praktische beschränkt,
dem Kuno seine Studien lenkt.

Einst an dem schwarzen Tafelbrett
malt Kuno Böteln sein Portrett.
Herr Bötel, der es nicht bestellt,
auch nicht für sprechend ähnlich hält,
schleicht sich herzu in Zornerregung;

und unter heftiger Bewegung
wird das Gemälde ausgeputzt.
Der Künstler wird als Schwamm benutzt.
Bei Kuno ruft dies Ungemach
kein Denkgefühl im Busen wach.

Ein Kirchenschlüssel, von Gestalt
ehrwürdig, rostig, lang und alt,
durch Kuno hinten angefeilt,
wird fest mit Pulver vollgekeilt.
Zu diesem ist er im Besitze
von einer oft bewährten Spritze;
und da er einen Schlachter kennt,
füllt er bei ihm sein Instrument.
Die Nacht ist schwarz, Herr Bötel liest.
Bums! hört er, dass man draußen schießt.

Er denkt: Was mag da vor sich gehn?
Ich muss mal aus dem Fenster sehn.

Es zischt der Strahl, von Blut gerötet;
Herr Bötel ruft: „Ich bin getötet!"

Mit diesen Worten fällt er nieder
und streckt die schreckgelähmten Glieder.
Frau Bötel war beim Tellerspülen;
sie kommt und schreit mit Angstgefühlen:
„Ach, Bötel! Lebst du noch, so sprich!"

„Kann sein!" – sprach er – „Man wasche mich!"
Bald zeigt sich, wie die Sache steht.
Herr Bötel lebt und ist komplett.

Er ruft entrüstet und betrübt:
„Das hat der Kuno ausgeübt!"

Alsbald nach dieser Spritzaffäre
kommt unser Kuno in die Lehre
zum braven Malermeister Quast;
ein Mann, der seine Kunst erfasst,
ein Mann, der trefflich tapeziert
und Ofennischen marmoriert.
Und dem für künstlerische Zwecke
erreichbar selbst die höchste Decke.

Der Kunstbetrieb hat seine Plagen,
viel' Töpfe muss der Kuno tragen.
Doch gerne trägt er einen Kasten
mit Vesperbrot für sich und Quasten.

Es fiel ihm auf, dass jeder Hund
bei diesem Kasten stille stund.
„Ei!" – denkt er – „Das ist ja famos!"
und macht den Deckel etwas los.

Ein Teckel, der den Deckel lupft,
wird eingeklemmt und angetupft,
so dass er bunt gefleckelt ward,
fast wie ein junger Leopard.

Ein Windspiel, das des Weges läuft
und naschen will, wird quer gestreift;
es ist dem Zebra ziemlich ähnlich,
nur schlanker als wie dies gewöhnlich.

Ein kleiner Bulldogg, der als Dritter
der Meinung ist, dass Wurst nicht bitter,
wird reizend grün und gelb kariert,
wie's einem Inglischmän gebührt.

Ungern bemerkt dies Meister Quast.
Ihm ist die Narretei verhasst!
Er liebte keine Zeitverschwendung
und falsche Farbestoffverwendung.

Er schwieg. Doch als die Stunde kam,
wo man die Vespermahlzeit nahm,
da sprach er mild und guten Mutes:
„Ein guter Mensch kriegt auch was Gutes!"

Er schnitt vom Brot sich einen Fladen.
Der Kuno wird nicht eingeladen.

Er greift zur Wurst. Er löst die Haut.
Der Kuno steht dabei und schaut.

Die Wurst verschwindet allgemach.
Der Kuno blickt ihr schmachtend nach.

Die Wurst verschwand bis auf die Schläue.
Der Kuno weint der Tränen zweie.

Doch Meister Quast reibt frohbedächtig
den Leib und spricht: „Das schmeckte prächtig!
Heut' Abend lass ich nichts mehr kochen!"

Er hält getreu, was er versprochen;
geht ein durch seine Kammerpforte
und spricht gemütlich noch die Worte:
„Sei mir willkommen, süßer Schlaf!
Ich bin zufrieden, weil ich brav!"

Der Kuno denkt noch nicht zu ruhn.
Er hat was Wichtiges zu tun.
Zunächst vor jeder andern Tat
legt er sein Ränzel sich parat.
Sodann erbaut er auf der Diele
aus Töpfen, Gläsern und Gestühle
ein Werk im Stil der Pyramiden,
zum Denkmal, dass er abgeschieden.
Apart jedoch von der Verwirrnis
stellt er den Topf, gefüllt mit Firnis.
Zuletzt ergreift er, wie zur Wehre,
die mächtige Tapetenschere.

Quasts Deckbett ist nach altem Brauch
ein stramm gestopfter Federschlauch.
Mit einem langen, leisen Schnitte
schlitzt es der Kuno in der Mitte.

Rasch leert er jetzt den Firnistopf
auf Quastens ahnungslosen Kopf.

Quast fährt empor voll Schreck und Staunen,
greift, schlägt und tobt und wird voll Daunen.

Er springt hinaus in großer Hast,
von Ansehen wie ein Vogel fast,

und stößt mit schrecklichem Rumbum
die neuste Pyramide um.

In selber Stadt ernährte sich
ganz gut ein Dr. Hinterstich
durch Kunstberichte von Bedeutung
in der von ihm besorgten Zeitung,
was manchem das Geschäft verdirbt,
der mit der Kunst sein Brot erwirbt.
Dies Blatt hat Klecksel mit Behagen
von jeher eifrig aufgeschlagen.

Auch heute hält er's in der Hand
und ist auf den Erfolg gespannt.
Wie düster wird sein Blick umnebelt!
Wie hat ihn Hinterstich vermöbelt!

Sogleich in eigener Person
fort stürmt er auf die Redaktion.
Des Autors Physiognomie
bedroht er mit dem Paraplü.

Der Kritikus, in Zornekstase,
spießt mit der Feder Kunos Nase;

ein Stich, der umso mehr verletzt,
weil auch zugleich die Tinte ätzt.

Stracks wird der Regenschirm zur Lanze.

Flugs dient der Tisch als eine Schanze.

Vergeblich ist ein hoher Stoß,

auch bleibt ein tiefer wirkungslos.

Jetzt greift der Kritikus voll Hass
als Wurfgeschoss zum Tintenfass.
Jedoch, der Schaden bleibt gering,
weil ihn das Paraplü empfing.

Der Kritikus braucht eine Finte.

Er zieht den Kuno durch die Tinte.

Der Tisch fällt um. Höchst penetrant
wirkt auf das Augenlicht der Sand.

Indessen zieht der Kuno aber
den Bleistift Numro 5 von Faber;

und Hinterstich, der sehr rumort,
wird mehrfach peinlich angebohrt.

Der Kuno, seines Sieges froh,
verlässt das Redaktionsbüro.

So ist denn also, wie das vorige
Ereignis lehrt, die Welthistorie
wohl nicht das richtige Gebiet,
wo Kunos Ruhm und Nutzen blüht.
Vielleicht bei näherer Bekanntschaft
schuf die Natur ihn für die Landschaft,
die jedem, der dazu geneigt,
viel nette Aussichtspunkte zeigt.
Zum Beispiel dieses Felsenstück
gewährt ihm einen weiten Blick.

Wer kommt denn über jenen Bach?
Das ist das Fräulein von der Ach.
Vermögend zwar, doch etwas ältlich,
halb geistlich schon und halb noch weltlich,
lustwandelt sie mit Seelenruh'
und ihrem Spitz dem Kloster zu.

Zwei Hunde kommen angehüpft,
die man durch eine Schnur verknüpft.

Der Spitz gar ängstlich, retiriert,
das gute Fräulein wird umschnürt.

Der Spitz enteilt, die Hunde nach;

mit ihnen Fräulein von der Ach.

Der Kuno springt von seinem Steine,
ein Messerschnitt zertrennt die Leine.

Der Kuno zeigt sich höchst galant.
Das Fräulein fragt, eh' es verschwand:
„Darf man Ihr Atelier nicht sehn?" –
„Holzgasse 5." – „Ich danke schön!"

Vielleicht, dass diese gute Tat
recht angenehme Folgen hat!

Sie blieb nicht aus. Sie kam zu ihm.
Hold lächelnd sprach sie und intim:
„Mein werter Freund! Seit längst erfüllt
mich schon der Wunsch, ein lieblich' Bild
zu stiften in die Burgkapelle,
was ich bei Ihnen nun bestelle.
So legendarisch irgendwie.
Vorläufig dies für Ihre Müh'!"
Mit sanftem Druck legt sie in seine
entzückte Hand zwei größre Scheine.

Gar oft erfreut das Fräulein sich
an Kunos kühnem Kohlenstrich,
obgleich ihr eigentlich nicht klar,
wie auch dem Künstler, was es war.
Wie's scheint, will ihm vor allen Dingen
das Bild der Jungfrau nicht gelingen.
„Nur schwach, Natur, wirst du verstanden," –
seufzt er – „wenn kein Modell vorhanden!"
„Kann ich nicht dienen?", lispelt sie.
„Schön!" – rief er – „Mittwoch in der Früh'!"

Als nun die Abendglocke schlug,
zieht ihn des Herzens süßer Zug
zum Schimmelwirt, wie ehedem;
und Susel macht sich angenehm.
Denn alte Treu', sofern es nur
rentabel ist, kommt gern retour.
Ja, dies Verhältnis hier gedieh
zu ungeahnter Harmonie.

Es war im schönen Karneval,
wo, wie auch sonst und überall,
der Mensch mit ungemeiner List
zu scheinen sucht, was er nicht ist.
Dem Kuno scheint zu diesem Feste
ein ritterlich' Gewand das Beste.

Schön Suschen aber schwebt dahin
als holdnaive Schäferin.

Schon schwingt das Bein, das graziöse,
sich nach harmonischem Getöse
bei staubverklärtem Lichterglanze
im angenehmsten Wirbeltanze.

Doch ach! Die schöne Nacht verrinnt.
Der Morgen kommt; kühl weht der Wind.
Zwei Menschen wandeln durch den Schnee
vereint in Kunos Atelier.

Und hier besiegeln diese zwei
sich dauerhafte Lieb' und Treu'.
Hoch ist der Liebe süßer Traum
erhaben über Zeit und Raum.
Der Kuno, davon auch betäubt,
vergaß, dass man heut' Mittwoch schreibt.
Es rauscht etwas im Vorgemach.
O weh! Das Fräulein von der Ach!

„Herzallerliebster Schatz, allons!
Verbirg dich hinter dem Karton!"

„Willkommen, schönste Gönnerin!
Hier, bitte, treten Sie mal hin!"

Begonnen wird das Konterfei.
Der Spitz schaut hinter die Stafflei.

Der Künstler macht sein Sach genau.
Der Spitz, bedenklich, macht wau, wau!

Entrüstet aber wird der Spitz
infolge eines Seitentritts.

Die Haare sträuben sich dem Spitze,
die Staffel schwankt, ausrutscht die Stütze;

und mit Gerassel wird enthüllt
der Schäferin verschämtes Bild.

Hartnäckig weiter fließt die Zeit;
die Zukunft wird Vergangenheit.
Wie sorglich blickt das Aug' umher!
Wie freut man sich, wenn der und der,
noch nicht versunken oder matt,
den Kopf vergnügt heroben hat.
Der alte Schimmelwirt ist tot,
ein neuer trägt das Reichskleinod.

Derselbe hat, wie seine Pflicht,
dies Inserat veröffentlicht:
Kund sei es dem hohen Publiko,
dass meine Frau Suse, des bin ich froh,
hinwiederum eines Knäbleins genesen,
als welches bis dato das fünfte gewesen.
Viel Gutes bringet der Jahreswechsel
dem Schimmelwirte — Kuno Klecksel.

So tut die vielgeschmähte Zeit
doch mancherlei, was uns erfreut;
und, was das Beste, sie vereinigt
selbst Leute, die sich einst gepeinigt.
Sie alle trinken unbeirrt
ihr Abendbier beim Schimmelwirt.
Oft sprach dann Bötel mit Behagen:
„Herr Schimmelwirt, ich kann wohl sagen:
Wär' nicht die rechte Bildung da,
wo wären wir? Jajajaja!"

Schnurrdiburr
oder die Bienen

Erstes Kapitel

Sei mir gegrüßt, du lieber Mai,
mit Laub und Blüten mancherlei!
Seid mir gegrüßt, ihr lieben Bienen,
vom Morgensonnenstrahl beschienen!
Wie fliegt ihr munter ein und aus
in Imker Dralles Bienenhaus.

Und seid zu dieser Morgenzeit
so früh schon voller Tätigkeit.
Für Diebe ist hier nichts zu machen,
denn vor dem Tore stehn die Wachen.

Und all die wackern Handwerksleute,
die hauen, messen stillvergnügt,
bis dass die Seite sich zur Seite
schön sechsgeeckt zusammenfügt.

Schau! Bienenlieschen in der Frühe
bringt Staub und Kehricht vor die Tür.
Ja! Reinlichkeit macht viele Mühe,
doch später macht sie auch Pläsier.

Wie zärtlich sorgt die Tante Linchen
fürs liebe kleine Wickelkind!
„Hol Wasser," – ruft sie – „liebes Minchen,
und koch den Brei, und mach geschwind!"

Auch sieht die Zofen man, die guten,
schon emsig hin- und widergehn,
denn Ihre Majestät geruhten
höchstselbst soeben aufzustehn.

Und nur die alten Brummeldrohnen,
gefräßig, dick und faul und dumm,
die ganz umsonst im Hause wohnen,
faulenzen noch im Bett herum.

„Hum!" – brummelt so ein alter Brummer –
„Was, Dunner! Ist es schon so spät!?
He, Trine! Lauf einmal herummer
und bring uns Honigbrot und Met!"
„Geduld!" – ruft sie – „Ihr alten Schlecker!"
Und fliegt zu Krokus, dem Bienenbäcker.

"Hier, diese Kringel, frisch und süße",
so lispelt Krokus, „nimm sie hin;
doch höre, sei so gut und grüße
Aurikelchen, die Kellnerin!"

Hier steht Aurikel in der Schenke
und zapft den Gästen das Getränke.

Als sie den Brief gelesen hat,
da schrieb sie auf ein Rosenblatt:
Hellgelber Engel! Ich blühe und dufte nur für Dich!
Deine stets wohlriechende Au-rike

Schnell fliegt das Bienchen von Aurikel
zu Krokus mit dem Herzartikel.

Jetzt heim! Denn schon mit Zorngebrumme
rumort und knurrt die Drohnenbrut:
„Du dumme Trine! Her die Mumme!
Wenn man nicht alles selber tut!"

Zweites Kapitel

Hans Dralle hat ein Schwein gar nett,
nur ist's nicht fett.

Es schnuppert keck in allen Ecken
und schabt sich an den Bienenstöcken.

Die Bienen kommen schnell herfür
und sausen auf das Borstentier.

U, ik! U, ik! — So hat's geschrien. —
Hans Dralle denkt: „Was hat dat Swien?!"

Wie staunt Hans Dralle, als er's da
schön abgerundet stehen sah!

Der Schweinekäufer geht vorüber:
„Was wollt Ihr für das Schwein, mein Lieber?"
„So'n twintig Daler, heb ick dacht!"
„Hier sind sie, fertig, abgemacht!"

Hans Dralle denkt sich still und froh:
„Wat schert et meck! Hei woll dat jo!"

Er stellt sich flugs vor seine Bienen
und pfeift ein altes Lied von ihnen:
Fliege, liebe Biene, fliege
über Berg und Tal
auf die Blumen hin und wiege
dich im Sonnenstrahl!
Kehre wieder, kehre wieder,
wenn die Kelche zu;
leg die süße Bürde nieder
und geh auch zur Ruh'!

Ei, ei! Was soll denn dieses geben?!
Zwei Bienen schon mit Wanderstäben?!

Hans Dralle schaut ins Immenloch:
„Wat Deuker! Hüte swarmt se noch!"

Die Luft ist klar, die Luft ist warm;
Hans Dralle wartet auf den Schwarm.

Ihm wird so dumm und immer dummer;
Hans Dralle sinkt in sanften Schlummer.
Tüt, tüt! Sim, sim! – So tönt es leise
im Bienenstocke her und hin;
es sammelt sich das Volk im Kreise,
denn also spricht die Königin:
„Auf, Kinder! Schnürt die Bündel zu!
Er schnarcht, der alte Staatsfilou!
Nennt sich gar noch Bienenvater!
Ein schöner Vater! Sagt, was tat er?

Und wozu taugt er?
Aus seinem Stinkehagen raucht er!
Ist ein Gequalm' und ein Geblase,
ewig hat man den Dampf in der Nase!

Da hält man sich nun im Sommer knapp,
schleppt und quält und rackert sich ab;
denkt sich was zurückzulegen,
in alten Tagen den Leib zu pflegen …
Ja wohl!
Kaum sind Kisten und Kasten voll,
trägt uns der Schelm den Schwefel ins Haus
und räuchert und bläst uns das Leben aus.
Kurzum! Er ist ein Schwerenöter!
Ein Honigdieb und Bienentöter!
Drum auf und folgt der Königin!"
Schnurrdiburr! Da geht er hin!

Drittes Kapitel

Hans Dralle, der noch immer schlief,
als ihn Eugen so heftig rief,
erwacht aus seinem sanften Traum —
da hängt der Schwarm im Apfelbaum!

Schnell Kappe her und Korb und Leiter,
sonst fliegt er noch am Ende weiter!

Gar wohl vermummt, doch ohne Bangen
hat er den Schwarm bereits gefangen.

Hoch oben steht er kühn und grade,
da sticht's ihn in die linke Wade.

Au, jau! — Die erste Sprosse bricht,
denn viel zu groß ist das Gewicht!

Und — Kracks! — ist er herabgeschossen
durch alle sieben Leitersprossen.

Die Bienen aber mit Gebraus
sausen ums Haus.

Zwei Knaben sitzen an der Pfütze
und spritzen mit der Wasserspritze.
Die Bienen kümmern sich nicht drum,
sie sausen weiter mit Gebrumm.

Den Besen schwingt die alte Grete,
der Kirmesanton bläst Trompete.

Ernst, Fritz und Wilhelm pfeifen, schrein;
der Schwarm lässt sich darauf nicht ein.

Jetzt ist er oben am Kamin,
der Schornsteinfeger sieht ihn ziehn.

Jetzt geht er übers Kirchendach:
Krach! schießt der Förster hinten nach.

Jetzt hinkt Hans Dralle auch daher;
und jetzo sieht man gar nichts mehr.
„Mi ärgert man," – denkt er – „datt dat
min Nawer Knörrje seihen hat."

Viertes Kapitel

Eugen, der nach dem Mittagessen
im schattenkühlen Wald gesessen,
sieht hier mit herzlichem Vergnügen
aus einem Baume Bienen fliegen.

Aha, das müssen wir versuchen,
da drinnen gibt es Honigkuchen!
Schnell steigt der Eugen auf den Baum,
von oben in den hohlen Raum.

Nur Vorsicht, immer leise! — Schrapp! —
Da rutscht er auf den Grund hinab.

Und leider haben auch nach oben
die Hosenschläuche sich verschoben,
sodass auf seine bloßen Waden
die Bienen ihren Zorn entladen.

Da sitzt er nun im Baume fest,
die Beine stehn im Immennest.

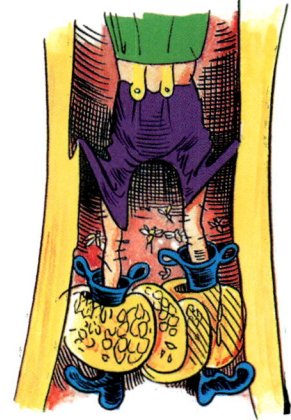

Ein alter, rupp'ger Tanzebär,
der durchgebrannt, kommt auch daher.

Da muss ich wohl von oben kommen! —
denkt er — und ist hinaufgeklommen.

Ach! Wie erschrak der Jüngling da,
als er das Tier von hinten sah.

Er reißt den Knaben aus den Ritzen,
doch beide Stiefel bleiben sitzen.

Uhuu! – Mit schrecklichem Geheul
fasst er des Bären Hinterteil.
Dem Bären fährt es durch die Glieder,
der Schreck treibt ihn nach oben wieder.

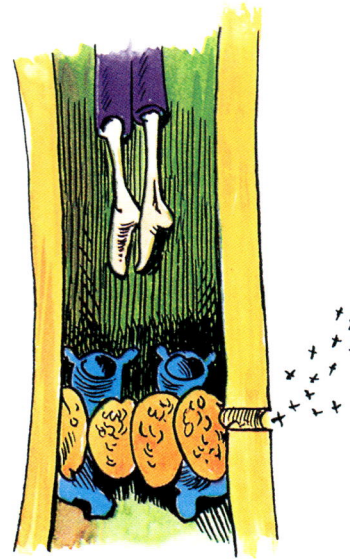

Grad ist Hans Dralle hergekommen
und auch auf diesen Baum geklommen.

Habuh! – Was war das für ein Graus,
grad krabbelt da der Bär heraus.

Und alle drei kopfüber purzeln
hernieder auf des Baumes Wurzeln,

und grad kommt Förster Stakelmann
und legt die lange Flinte an.

Fürwahr! Er hätte ihn getroffen,
wär' nur der Bär nicht fortgeloffen.

Jetzt, eins, zwei, drei, geht man dabei
und sägt den Honigbaum entzwei.

Und denkt nicht dran, dass man durchbohre
des Jünglings beide Stiefelrohre.

Hans Dralle aber trägt Verlangen,
das Bienenvolk sich einzufangen.
„Nu sühst du woll! Nu heb ick deck!"
Schnurr! geht der Schwarm von unten weg.

Fünftes Kapitel

Der Knabe Eugen, der indessen
aufs Honigessen ganz versessen,
gedenkt denselben ganz verstohlen
aus Dralles Körbchen sich zu holen.

Ojemine! Ein ganzes Korps
von Bienen rückt auf einmal vor,
und pudelrau ist der Eugen
vom Kopf herab bis zu den Zeh'n.

Zum Glück ist Wasser in der Näh'.
Perdums! – Kopfüber in den See!

Sieh da! Er taucht schon wieder auf
und eilt nach Haus' in schnellem Lauf.

Dem guten Knaben ist recht übel,
drum schnell mit ihm zum Doktor Siebel.

Der Doktor Siebel horcht am Magen:
„Da murkst ja einer, möcht' ich sagen!
Und judizier' ich, dass der Knabe
ein Ungetier im Magen habe,

als welches wir sogleich mit Listen
gewissermaßen fangen müssten!

Schau, schau! Da ist der Bösewicht!

Allez! Der Schönste bist du nicht!"

Schnell huckt der Frosch zum nahen Teich
und nimmt ein kühles Bad sogleich.
Er rüttelt sich, er schüttelt sich:
„Quarks dreckeckeck! Da danke ich!"

Sechstes Kapitel

Man sollte denken, dass nach allen
Verdrüssen, welche vorgefallen,
am Ende dieser gute Knabe
vor Süßigkeiten Abscheu habe!
Ach nein! Schlau spekuliert der Tropf
auf Vater Dralles Honigtopf,
der, wie er weiß, auf einem Brett
dicht über dessen Bette steht.
Als heut' nun Dralle lag und schlief,
so gegen zehn recht fest und tief,

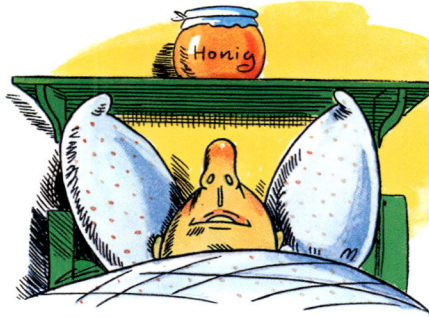

da ist's ihm so, als ob was rauscht.
Hans Dralle spitzt das Ohr und lauscht.

Ha! Schleicht nicht dort aus jener Tür
ein gräulich' Phänomen herfür?!

In seinen Augen kann man's lesen:
„Dies ist fürwahr kein menschlich' Wesen!"

Ein Quadruped' ist hier zu schauen,
ein Flügeltier mit Schweif und Klauen.

Hans Dralle steht das Haar nach oben,
die Zipfelhaube wird gehoben.

Schon kommt's mit fürchterlichen Sprüngen,
den Bienenvater zu verschlingen.

Und dumpf ertönt's wie Geisterstimmen:
„Hans Dralle, kiek na dinen Immen!"

Es hebt sich auf die Hintertatzen,
man hört es an den Wänden kratzen.

Gottlob! Jetzt kehrt es wieder um!
Hans Dralle ist vor Schrecken stumm.

Ihm hängt der Schweiß an jedem Haar,
bis das Phantom verschwunden war.

Bald drauf sitzt der Eugen zu Haus'
und schleckt den Topf voll Honig aus.

Hans Huckebein
der Unglücksrabe

Hier sieht man Fritz, den muntern Knaben,
nebst Huckebein, dem jungen Raben.

Und dieser Fritz, wie alle Knaben,
will einen Raben gerne haben.

Schon rutscht er auf dem Ast daher,
der Vogel, der misstraut ihm sehr.

Schlapp! macht der Fritz von seiner Kappe
mit Listen eine Vogelklappe.

Beinahe hätt' er ihn! Doch ach!
Der Ast zerbricht mit einem Krach.

In schwarzen Beeren sitzt der Fritze,
der schwarze Vogel in der Mütze.

Der Knabe Fritz ist schwarz betupft;
der Rabe ist in Angst und hupft.

Der schwarze Vogel ist gefangen,
er bleibt im Unterfutter hangen.

„Jetzt hab' ich dich, Hans Huckebein,
wie wird sich Tante Lotte freun!"

Die Tante kommt aus ihrer Tür:
„Ei!" – spricht sie – „Welch ein gutes Tier!"

Kaum ist das Wort dem Mund entflohn,
Schnapp! hat er ihren Finger schon.

„Ach!" – ruft sie – „Er ist doch nicht gut!
Weil er mir was zuleide tut!"

Hier lauert in des Topfes Höhle
Hans Huckebein, die schwarze Seele.

Den Knochen, den der Spitz gestohlen,
will dieser sich jetzt wiederholen.

So ziehn mit Knurren und Gekrächz
der eine links, der andre rechts.

Schon denkt der Spitz, dass er gewinnt,
da zwickt der Rabe ihn von hint'.

O weh! Er springt auf Spitzens Nacken,
um ihm die Haare auszuzwacken.

Der Spitz, der ärgert sich bereits
und rupft den Raben seinerseits.

Derweil springt mit dem Schinkenbein
der Kater in den Topf hinein.

Da sitzen sie und schaun und schaun.
Dem Kater ist nicht sehr zu traun.

Der Kater hackt den Spitz, der schreit,
der Rabe ist voll Freudigkeit.

Schnell fasst er, weil der Topf nicht ganz,
mit schlauer List den Katerschwanz.

Es rollt der Topf. Es krümmt voll Quale
des Katers Schweif sich zur Spirale.

Und Spitz und Kater fliehn im Lauf.
Der größte Lump bleibt obenauf!

Nichts Schönres gab's für Tante Lotte
als schwarze Heidelbeerkompotte.

Doch Huckebein verschleudert nur
die schöne Gabe der Natur.

Die Tante naht voll Zorn und Schrecken;
Hans Huckebein verlässt das Becken.

Und schnell betritt er, angstbeflügelt,
die Wäsche, welche frisch gebügelt.

O weh! Er kommt ins Tellerbord;
die Teller rollen rasselnd fort.

Auch fällt der Korb, worin die Eier —
Ojemine! — und sind so teuer!

Patsch! fällt der Krug. Das gute Bier
ergießt sich in die Stiefel hier.

Und auf der Tante linken Fuß
stürzt sich des Eimers Wasserguss.

Sie hält die Gabel in der Hand
und auch der Fritz kommt angerannt.

Perdums! — Da liegen sie. Dem Fritze
dringt durch das Ohr die Gabelspitze.

Dies wird des Raben Ende sein —
so denkt man wohl — doch leider nein!

Denn — Schnupp! — der Tante Nase fasst er;
und nochmals triumphiert das Laster!

Jetzt aber naht sich das Malheur,
denn dies Getränke ist Likör.

Es duftet süß. Hans Huckebein
taucht seinen Schnabel froh hinein.

Und lässt mit stillvergnügtem Sinnen
den ersten Schluck hinunterrinnen.

Nicht übel! Und er taucht schon wieder
den Schnabel in die Tiefe nieder.

Er hebt das Glas und schlürft den Rest,
weil er nicht gern was übrig lässt.

Ei, ei! Ihm wird so wunderlich,
so leicht und doch absunderlich.

Er krächzt mit freudigem Getön'
und muss auf einem Beine stehn.

Der Vogel, welcher sonsten fleucht,
wird hier zu einem Tier, was kreucht.

Und Übermut kommt zum Beschluss,
der alles ruinieren muss.

Er zerrt voll roher Lust und Tücke
der Tante künstliches Gestricke.

Der Tisch ist glatt — der Böse taumelt —
das Ende naht — sieh da! Er baumelt.

„Die Bosheit war sein Hauptpläsier,
drum" — spricht die Tante — „hängt er hier!"

Der Hahnenkampf

Der Gickerich, ein Gockel fein,
guckt in den Topf voll Brüh' hinein.

Ein zweiter, Gackerich genannt,
kommt auch sogleich herzugerannt.
Und jeder langt mit Mühe
im Topfe nach der Brühe.

Der Gicker- und der Gackerich
betrachten und fixieren sich.
Zum Kampf gerüstet und ganz nah,
so stehn sie Aug' in Auge da.

Sie fangen mit den Tatzen
entsetzlich an zu kratzen
und schlagen sich die Sporen
um ihre roten Ohren.
Jetzt rupft der Gickerich, o Graus,
dem Gackerich die schönste Feder aus.

Doch Gackerich, der erst entfloh,
macht's jetzt dem andern ebenso.

Und zieht den Gickerich noch obendrein
beim Schopfe in den Topf hinein.

Da kämpfen sie noch ganz erhitzt,
dass rundherum die Brühe spritzt.

Und keiner hält sich für besiegt,
obschon der Topf am Boden liegt.

Jetzt kommt der Schnauzel hergerennt
und macht dem ganzen Streit ein End'.

Sieh da, die Hähne gehn nach Haus'
und sehen ganz erbärmlich aus.

Der Schnauzel frisst den Rest der Brüh',
den Schaden hat das Federvieh.

Eine milde Geschichte

Selig schwanket Bauer Bunke
heim von seinem Abendtrunke.

Zwar es tritt auf seinen Wegen
ihm ein Hindernis entgegen

und nicht ohne viel Beschwerden
kann es überwunden werden.

Aber, siehst du, es gelingt
schneller, als ihm nötig dünkt.

Pfeife lässt er Pfeife sein,
drückt sich in sein Haus hinein
und begibt sich ohne Säumen
hin zu seinen Zimmerräumen,
wo Frau Bunke für die Nacht
einen Teig zurechtgemacht.

Unverzüglich, weil er matt,
sucht er seine Lagerstatt.
Diese kommt ihm sehr gelegen,
um darin der Ruh' zu pflegen.

Oh, wie wonnig schmiegt das Mus
sich um Kopf, Leib, Hand und Fuß.

Doch, wie sich der Mund bedeckt,
wird er ängstlich aufgeschreckt.

Schnell, mit unterdrückter Klage,
sucht er eine andre Lage.
Auf dem Bauche ruht er milde,
wie die Kröte mit dem Schilde.

Lange bleibt er so nicht liegen.
Ihn verlangt es, Luft zu kriegen.
Ach, Frau Bunke steht erschrocken;
ihre Lebensgeister stocken.

Traurig führet sie den Besen,
Kummer füllt ihr tiefstes Wesen.

Weinen kann ihr Angesicht,
aber backen kann sie nicht.

Fipps der Affe

Erstes Kapitel

Der Fipps, das darf man wohl gestehn,
ist nicht als Schönheit anzusehn.
Was ihm dagegen Wert verleiht,
ist Rührig- und Betriebsamkeit.
Wenn wo was los ist, er darf nicht fehlen;
was ihm beliebt, das muss er stehlen;
wenn wer was macht, er macht es nach
und Bosheit ist sein Lieblingsfach.

Es wohnte da ein schwarzer Mann,
der Affen fing und briet sie dann.
Besonders hat er junge gern,
viel lieber als die ältern Herrn.
„Ein alter Herr ist immer zäh!" –
so spricht er oft und macht „Bäbä!"
Um seine Zwecke zu erfüllen,
wählt er drei leere Kürbishüllen.

Für auf den Kopf die große eine,
für an die Hände noch zwei kleine.

So kriecht er in ein Bündel Stroh,
macht sich zurecht und wartet so.

Dies hat nun allerdings den Schein,
als ob hier schöne Früchte sein.

Fipps, der noch nie so große sah,
kaum sieht er sie, so ist er da.
Er wählt für seinen Morgenschmaus
sich gleich die allergrößte aus.

Doch wie er oben sich bemüht,
erfasst ihn unten wer und zieht,
bis dass an jeder Hinterhand
ringsrum ein Kürbis sich befand.

So denkt ihn froh und nach Belieben
der böse Mann nach Haus' zu schieben.
An dieses Mannes Nase hing
zu Schmuck und Zier ein Nasenring.

Fipps fasst den Reif mit seinem Schweif.
Der Schwarze wird vor Schrecken steif.

Die Nase dreht sich mehre Male
und bildet eine Qualspirale.

Jetzt biegt der Fipps den langen Ast,
bis er den Ring der Nase fasst.

Dem Neger wird das Herze bang,
die Seele kurz, die Nase lang.

Am Ende gibt es einen Ruck
und oben schwebt der Nasenschmuck.
Der Schwarze aber aß seit dieser
Begebenheit fast nur Gemüser.

Zweites Kapitel

Natürlich lässt Fipps die ekligen Sachen,
ohne neidisch zu sein, von anderen machen.
Dagegen aber, wenn einer was tut,
was den Anschein hat, als tät' es ihm gut,
gleich kommt er begierig und hastig herbei,
um zu prüfen, ob's wirklich so angenehm sei.

Mal saß er an des Ufers Rand
auf einer Palme, die dorten stand.
Ein großes Schiff liegt auf dem Meer;
vom Schiffe schaukelt ein Kahn daher.

Im kleinen Kahn da sitzt ein Mann,
der hat weder Schuhe noch Stiefel an;
doch vor ihm steht ganz offenbar
ein großes und kleines Stiefelpaar.

Das kleine, das er mit sich führt,
ist innen mit pappigem Pech beschmiert;
und wie der Mann an das Ufer tritt,
bringt er die zwei Paar Stiefel mit.
Er trägt sie sorglich unter dem Arm
und jammert dabei, dass es Gott erbarm'.

Kaum aber ziehet der Trauermann
sich einen von seinen Stiefeln an,
so mildern sich schon ganz augenscheinlich,
die Schmerzen, die noch vor kurzem so peinlich.

Und gar bei Stiefel Numero zwei
zeigt er sich gänzlich sorgenfrei.
Dann sucht er in fröhlichem Dauerlauf
den kleinen Nachen wieder auf
und lässt aus listig bedachtem Versehn
das kleine Paar Stiefel am Lande stehn.

Ratsch, ist der Fipps vom Baum herunter,
zieht erwartungsvoll und munter
die Stiefel an seine Hinterglieder.
Und schau! Der lustige Mann kommt wieder.

O weh! Die Stiefel an Fippens Bein
stören die Flucht. Man holt ihn ein.

Vergebens strampelt er ungestüm,
der Schiffer geht in den Kahn mit ihm.

Zum Schiffe schaukelt und strebt der Kahn,
das Schiff fährt über den Ozean
und selbiger Mann (er schrieb sich Schmidt)
nimmt Fipps direkt nach Bremen mit.

Drittes Kapitel

Zu Bremen lebt gewandt und still
als ein Friseur der Meister Krüll.
Und jedermann in dieser Stadt,
wer Haare und wer keine hat,
geht gern zu Meister Krüll ins Haus
und kommt als netter Mensch heraus.
Auch Schmidt lässt sich die Haare schneiden.
Krüll sieht den Affen voller Freuden,
er denkt: „Das wäre ja vor mir
und meine Kunden ein Pläsier."
Und weil ihn Schmidt veräußern will,
so kauft und hat ihn Meister Krüll.

Es kam mal so und traf sich nun,
dass Krüll, da anders nichts zu tun,
in Eile, wie er meistens tat,
das Seitenkabinett betrat,
wo er die Glanzpomade kocht,
Perücken baut und Zöpfe flocht,
kurz, wo die kunstgeübte Hand
vollendet, was der Geist erfand.
Zur selben Zeit erscheint im Laden,
mit dünnem Kopf und dicken Waden,
der schlicht behaarte Bauer Dümmel.

Sitzt auf dem Sessel, riecht nach Kümmel
und hofft getrost, dass man ihn schere,
was denn auch wirklich nötig wäre.
Wipps! sitzt der Fipps auf seinem Nacken,
um ihm die Haare abzuzwacken.
Die Schere zwickt, die Haare fliegen;
dem Dümmel macht es kein Vergnügen.

Oha! Das war ein scharfer Schnitt,
wodurch des Ohres Muschel litt.

„Hör upp!", schreit Dümmel schmerzensbange.
Doch schon hat Fipps die Kräuselzange.
Das Eisen glüht, es zischt das Ohr,
ein Dampfgewölk steigt draus hervor.

Die Schönheit dieser Welt verschwindet
und nur der Schmerz zieht, bohrt und mündet
in diesen einen Knotenpunkt,
den Dümmel hier ins Wasser tunkt.

Der Meister kommt. Hoch schwingt die Rechte,
wie zum Gefechte, eine Flechte.

Der Spiegel klirrt, die Hand erlahmt;
der Meister Krüll ist eingerahmt.

Mir scheint, ich bin hier unbeliebt!,
denkt Fipps, der sich hinwegbegibt.

Viertes Kapitel

Für Fipps wird es dringende Essenszeit.
Mit fröhlicher Gelenkigkeit
durch eine Seitengasse entflieht er
und schleicht in den Laden von einem Konditer.
Da gibt es schmackhafte Kunstgebilde,
nicht bloß härtliche, sondern auch milde.
Da winken Krapfen und Mohrenköpfe,
künstlich geflochtene Brezen und Zöpfe.

Auch sieht man da für gemischtes Vergnügen
Mandeln, Rosinen et cetera liegen.
„Horch!", ruft voll Sorge Konditor Köck,
„Was rappelt da zwischen meinem Gebäck?!"

Die Sorge wandelt sich in Entsetzen,
denn da steht Fipps mit Krapfen und Brezen.
Die Brezen trägt er in einer Reih'
auf dem Schwanz, als ob es ein Stecken sei.
Und aufgespießt, gleich wie auf Zapfen,
an allen vier Daumen sitzen die Krapfen.

Zwar Köck bemüht sich, dass er ihn greife
hinten bei seinem handlichen Schweife,
doch weil er soeben den Teig gemischt,
so glitscht er ab und der Dieb entwischt.

Nichts bleibt ihm übrig als lautes Gebröll
und grad kommt Mieke, die alte Mamsell.
Unter hellem Gequieke fällt diese Gute
platt auf die Steine mit Topf und Tute.

Durch ihre Beine eilt Fipps im Sprunge.
Ihn wirft ein schwärzlicher Schusterjunge
mit dem Stulpenstiefel, der frisch geschmiert,
sodass er die schönen Krapfen verliert.

Auch wartet ein Bettelmann auf der Brücken
mit einem Buckel und zween Krücken.

Derselbe verspürt ein großes Verlangen,
die Brezeln vermittelst der Krücke zu fangen.
Dies kommt ihm aber nicht recht zu nütze,
denn Fipps entzieht ihm die letzte Stütze.

Da liegt er nun wie ein Käfer am Rücken.
Fipps aber begibt sich über die Brücken
und eilet gar sehr beängstigt und matt
mit der letzten Brezel aus dieser Stadt.

Schon ist es dunkel und nicht geheuer.
Er schwingt sich über ein Gartengemäuer.

Hier hofft er auf angenehm nächtliche Ruh'.
Klapp! schnappt die eiserne Falle zu.

Sofort tritt aus dem Wohngebäude
ein Herr und äußert seine Freude.

„Aha!", so ruft er, „Du bist wohl der,
der Hühner stiehlt? Na, denn komm her!"
Hiermit schiebt er ihn vergnüglich
in einen Sack. Und unverzüglich,

ohne jede weitere Besichtigung,
beginnt er die schmerzhafte Züchtigung.

Drauf schließt er ihn für alle Fälle
in einen der leeren Hühnerställe,
damit er am anderen Morgen sodann
diesen Bösewicht näher besichtigen kann.

Fünftes Kapitel

Wer vielleicht zur guten Tat
keine rechte Neigung hat,
dem wird Fasten und Kastein
immerhin erfrischend sein.
Als der Herr von gestern Abend,
fest und wohl geschlafen habend,
(Er heißt nämlich Doktor Fink)
morgens nach dem Stalle ging,
um zu sehn, wen er erhascht —

ei, wie ist er überrascht,
als bescheiden, sanft und zahm,
demutsvoll und lendenlahm,
Fipps aus seinem Sacke steigt,
näher tritt und sich verneigt.

Lächelnd reicht Frau Doktorin
ihm den guten Apfel hin
und das dicke, runde, fette,
nette Kindermädchen Jette
mit der niedlichen Elise
— Ei herrje! — wie lachten diese.

Zwei nur finden's nicht am Platze:
Schnipps, der Hund, und Gripps, die Katze,
die nicht ohne Missvertrauen
diesen neuen Gast beschauen.
Fipps ist aber recht gelehrig
und beträgt sich wie gehörig.

Dafür kriegt er denn auch nun
aus verblümtem Zitzkattun
eine bunte und famose
hinten zugeknöpfte Hose.
Dazu, reizend von Geschmack,
einen erbsengrünen Frack;
und so ist denn gegenwärtig
dieser hübsche Junge fertig.

Sechstes Kapitel

Elise schläft in ihrer Wiegen.
Fipps passt geduldig auf die Fliegen.

Indessen denkt die runde Jette,
was sie wohl vorzunehmen hätte;
sieht eine Wespe, die verirrt
am Fenster auf und nieder schwirrt.
Und treibt das arme Stacheltier
in eine Tute von Papier.

Sanft lächelnd reicht sie ihm die Tute,
damit er Gutes drin vermute.

Er öffnet sie geschickt und gern,
denn jeder Argwohn liegt ihm fern.

Schnurr pick! — Der Stachel sitzt im Finger.
Der Schmerz ist gar kein so geringer.

Doch Fipps hat sich alsbald gefasst,
zermalmt das Ding, was ihm verhasst,

Setzt sich dann wieder an die Wiegen
und passt geduldig auf die Fliegen.
Vor allem eine ist darunter,
die ganz besonders frech und munter.

Jetzt sitzt sie hier, jetzt summt sie da,
bald weiter weg, bald wieder nah.
Jetzt krabbelt sie auf Jettens Jacke,

jetzt wärmt sie sich auf Jettens Backe.
Das gute Kind ist eingenickt.
Kein Wunder, wenn sie nun erschrickt,

denn – Schlapp! – die Fliege traf ein Hieb,
woran sie starb und sitzen blieb.

Fipps aber hockt so friedlich da,
als ob dies alles nicht geschah,
und schließet seine Augen zu
mit abgefeimter Seelenruh'.

Siebtes Kapitel

Kaum hat mal einer ein bissel was,
gleich gibt es welche, die ärgert das.
Fipps hat sich einen Knochen stibitzt,
wo auch noch ziemlich was drannen sitzt.
Neidgierig hocken im Hintergrund
Gripps, der Kater, und Schnipps, der Hund.

Wauwau! – Sie sausen von ihrem Platze.
Happs! macht der Hund, kritzekratze! die Katze,

Dass Fipps in ängstlichem Seelendrang
eilig auf einen Schrank entsprang,
allwo man aufbewahren tät'
mancherlei nützliches Handgerät.

Und Gripps, der Kater, und Schnipps, der Hund,
schleichen beschämt in den Hintergrund.

Fipps aber knüpft mit der Hand gewandt
den Knochen an ein Band, das er fand,
und schlängelt dasselbe voller List
durch einen Korb, welcher löchrig ist.

Sogleich folgt Gripps dem Bratengebein

bis tief in das Korbgeflecht hinein.

Schwupp! hat ihn der Fipps drin festgedrückt.

Und mit der Zange, die beißt und zwickt,
entfernt er sorgsam die scharfen Klauen.
Ach, wie so kläglich muss Gripps miauen,
denn gerade in seinen Fingerspitzen
hat er die peinlichsten Nerven sitzen.

Jetzt wird auch noch der Schweif gebogen
und durch des Korbes Henkel gezogen.
Mit einer Klammer versieht er ihn,
damit er nicht leichtlich herauszuziehn.
Schnipps, der Hund, schnappt aber derweilen
den Knochen und möchte von dannen eilen.

Dieses gelingt ihm jedoch nicht ganz,
denn Fipps erwischt ihn bei seinem Schwanz

und schwingt ihn solchermaßen im Kreis,
bis er nichts Gescheits mehr zu denken weiß.

Hiernach, gewissermaßen als Schlitten,
zieht er ihn in des Hofes Mitten

und lässt ihn dorten mal soeben
über den Abgrund des Brunnens schweben,
wo ein schwäch- und ängstlich' Gemüt
nur ungern hängt und hinuntersieht.

Drauf so führt er ihn hinten nach
an des Daches Rinne bis auf das Dach.

Und lehnt ihn über den Schlot allhier.
Draus gehet ein merklicher Dampf herfür.
Dem Auge höchst peinlich ist der Rauch,
auch muss man niesen und husten auch.
Und schließlich denkt man nichts weiter als bloß:
„Jetzt wird's mir zu dumm und ich lasse los!"

So wird dieser Rauch immer stärker und stärker,
Schnipps fällt rücküber und auf den Erker.
Und Gripps, der gerad' aus der Luke fährt,
fühlt plötzlich, ihm wird der Korb beschwert.

Hulterpulter, sie rumpeln in großer Hast   vom Dach und baumeln an einem Ast.

Hier trennt man sich nicht ohne Pein.

Und jeder ist wieder für sich allein.

Seitdem ward Fipps von diesen zween
als Meister verehrt und angesehn.

Achtes Kapitel

Mit Recht erscheint uns das Klavier,
wenn's schön poliert, als Zimmerzier.
Ob's außerdem Genuss verschafft,
bleibt hin und wieder zweifelhaft.
Auch Fipps fühlt sich dazu getrieben,
die Kunst in Tönen auszuüben.

Er zeigt sich wirklich recht gewandt,
selbst mit der linken Hinterhand.
Und braucht er auch die Rechte noch,
den Apfel, den genießt er doch.

Zu Kattermäng gehören zwei,
er braucht sich bloß allein dabei.

Piano klingt auf diese Weise
besonders innig, weich und leise.

Jetzt stimmen ein mit Herz und Mund
der Kater Gripps und Schnipps, der Hund.

Bei dem Duett sind stets zu sehn
zwei Mäuler, welche offen stehn.

Oft wird es einem sehr verdacht,
wenn er Geräusch nach Noten macht.
Der Künstler fühlt sich stets gekränkt,
wenn's anders kommt, als wie er denkt.

Plisch und Plum
Eine lustige Hundegeschichte

Erstes Kapitel

Eine Pfeife in dem Munde,
unterm Arm zwei junge Hunde
trug der alte Kaspar Schlich.
Rauchen kann er fürchterlich.
Doch, obschon die Pfeife glüht,
oh, wie kalt ist sein Gemüt!

„Wozu," – lauten seine Worte –
„wozu nützt mir diese Sorte?
Macht sie mir vielleicht Pläsier?
Einfach nein! erwidr' ich mir.
Wenn mir aber was nicht lieb,
Weg damit! ist mein Prinzip."

An dem Teiche steht er still,
weil er sie ertränken will.
Ängstlich strampeln beide kleinen
Quadrupeden mit den Beinen;
denn die innre Stimme spricht:
Der Geschichte trau' ich nicht!

Hubs! fliegt einer schon im Bogen.
Plisch! – Da glitscht er in die Wogen.
Hubs! – Der Zweite hinterher.

Plum! — Damit verschwindet er.
„Abgemacht!", rief Kaspar Schlich,
dampfte und entfernte sich.
Aber hier, wie überhaupt,
kommt es anders, als man glaubt.

Paul und Peter, welche grade
sich entblößt zu einem Bade,
gaben still verborgen acht,
was der böse Schlich gemacht.

Hurtig und den Fröschen gleich
hupfen beide in den Teich.

Jeder bringt in seiner Hand
einen kleinen Hund ans Land.

„Plisch," — rief Paul — „so nenn' ich meinen."
Plum — so nannte Peter seinen.

Und so tragen Paul und Peter
ihre beiden kleinen Köter
eilig, doch mit aller Schonung,
hin zur elterlichen Wohnung.

Zweites Kapitel

Papa Fittig, treu und friedlich,
Mama Fittig, sehr gemütlich,
sitzen, Arm in Arm geschmiegt,
sorgenlos und stillvergnügt,
kurz vor ihrem Abendschmause
noch ein wenig vor dem Hause
— denn der Tag war ein gelinder —
und erwarten ihre Kinder.

Sieh, da kommen alle zwei,
Plisch und Plum sind auch dabei.
Dies scheint aber nichts für Fittig:
Heftig ruft er: „Na, da bitt' ich!"
Doch Mama mit sanften Mienen:
„Fittig!" — bat sie — „Gönn' es ihnen!"

Angerichtet stand die frische
Abendmilch schon auf dem Tische.
Freudig eilen sie ins Haus,
Plisch und Plum geschwind voraus.

Ach, da stehn sie ohne Scham
mitten in dem süßen Rahm
und bekunden ihr Behagen
durch ein lautes Zungenschlagen.

Schlich, der durch das Fenster sah,
ruft verwundert: „Ei, sieh da!"

„Dies ist freilich ärgerlich —
hehe! — aber nicht für mich!"

Drittes Kapitel

Paul und Peter, ungerührt,
grad als wäre nichts passiert,
ruhn in ihrem Schlafgemach.
Denn was fragen sie danach.
Ein und aus durch ihre Nasen
säuselt ein gelindes Blasen.

Plisch und Plum hingegen scheinen
noch nicht recht mit sich im Reinen
in Betreff der Lagerstätte.

Schließlich gehn sie auch zu Bette.

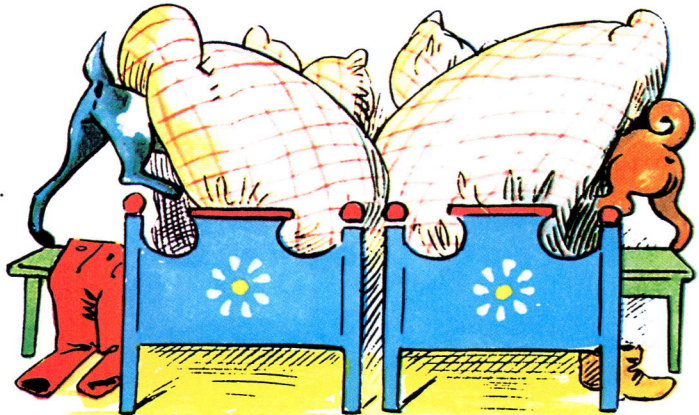

Unser Plisch, gewohnterweise,
dreht sich dreimal erst im Kreise.
Unser Plum dagegen zeigt
sich zu Zärtlichkeit geneigt.

Denen, die der Ruhe pflegen,
kommen manche ungelegen.
„Marsch!" — Mit diesem barschen Wort
stößt man sie nach außen fort.

Kühle weckt die Tätigkeit,
Tätigkeit verkürzt die Zeit.
Sehr willkommen sind dazu
hier die Hose, da der Schuh.

Welche, eh' der Tag beginnt,
auch bereits verändert sind.

Für den Vater, welch ein Schrecken,
als er kam und wollte wecken.
Der Gedanke macht ihn blass,
wenn er fragt: Was kostet das?

Schon will er die Knaben strafen,
welche tun, als ob sie schlafen.
Doch die Mutter fleht: „Ich bitt' dich,
sei nicht grausam, bester Fittig!"
Diese Worte liebevoll
schmelzen seinen Vatergroll.

Paul und Peter is̶t's egal.
Peter geht vorerst einmal
in zwei Schlapp-Pantoffeln los,
Paul in seiner Zackenhos'.

Plisch und Plum, weil ohne Sitte,
kommen in die Hundehütte.

„Ist fatal!" — bemerkte Schlich —
„Hehe! Aber nicht für mich!"

Viertes Kapitel

Endlich fing im Drahtgehäuse
sich die frechste aller Mäuse,
welche Mama Fittig immer,
bald im Keller, bald im Zimmer,
und besonders bei der Nacht,
fürchterlich nervös gemacht.

Dieses gibt für Plisch und Plum
ein erwünschtes Gaudium.
Denn jetzt heißt es: „Mal heraus,
alte, böse Knuspermaus!"

Husch! — Des Peters Hosenbein,
denkt sie, soll ihr Schutz verleihn.

Plisch verfolgt sie in das Rohr,
Plum steht anderseits davor.

Knipp! — In sein Geruchsorgan
bohrt die Maus den Nagezahn.

Plisch will sie am Schwanze ziehn:

Knipp! — Am Ohre hat sie ihn.

Siehst du wohl, da läuft sie hin
in das Beet der Nachbarin.

Kritzekratze, wehe dir,
du geliebte Blumenzier!

Madam Kümmel will soeben
Öl auf ihre Lampe geben.
Fast wär' ihr das Herz geknickt,
als sie in den Garten blickt.

Sie beflügelt ihren Schritt
und die Kanne bringt sie mit.

Zornig, aber mit Genuss
gibt sie jedem einen Guss;
erst dem Plisch und dann dem Plum.
Scharf ist das Petroleum.

Und die Wirkung, die es macht,
hat Frau Kümmel nicht bedacht.

Aber was sich nun begibt,
macht Frau Kümmel so betrübt,
dass sie, wie von Wahn umfächelt,
ihre Augen schließt und lächelt.

Mit dem Seufzerhauche: „U!"
stößt ihr eine Ohnmacht zu.

Paul und Peter, frech und kühl,
zeigen wenig Mitgefühl.
Fremder Leute Seelenschmerzen
nehmen sie sich nicht zu Herzen.

„Ist fatal!" – bemerkte Schlich –
„Hehe! Aber nicht für mich."

Fünftes Kapitel

Plisch und Plum, wie leider klar,
sind ein niederträchtig' Paar;

niederträchtig, aber einig,
und in letzter Hinsicht, mein' ich,
immerhin noch zu verehren.
Doch wie lange wird es währen?
Bösewicht mit Bösewicht —
auf die Dauer geht es nicht.

Vis-à-vis im Sonnenschein
saß ein Hündchen hübsch und klein.
Dieser Anblick ist für beide
eine unverhoffte Freude.

Jeder möchte vorne stehen,
um entzückt hinaufzuspähen.
Hat sich Plisch hervorgedrängt,
fühlt der Plum sich tief gekränkt.

Drängt nach vorne sich der Plum,
nimmt der Plisch die Sache krumm.

Schon erhebt sich dumpfes Grollen,
Füße scharren, Augen rollen,

und der heiße Kampf beginnt;
Plum muss laufen, Plisch gewinnt.

Mama Fittig machte grad
Pfannenkuchen mit Salat,
das bekannte Leibgericht,
was so sehr zum Herzen spricht.

Hurr! — Da kommt mit Ungestüm
Plum und Plisch ist hinter ihm.

Schemel, Topf und Kuchenbrei
mischt sich in die Beißerei.
„Warte, Plisch! Du Schwerenöter!"
Damit reichte ihm der Peter
einen wohlgezielten Hieb. —
Das ist aber Paul nicht lieb.

„Warum schlägst du meinen Köter?",
ruft der Paul und haut den Peter.

Dieser, auch nicht angefroren,
klatscht dem Paul um seine Ohren.

Jetzt wird's aber desperat.
Ach, der köstliche Salat

dient den aufgeregten Geistern,
sich damit zu überkleistern.

Papa Fittig kommt gesprungen
mit dem Stocke hoch geschwungen.

Mama Fittig, voller Güte,
dass sie dies Malheur verhüte:
„Bester Fittig!" – ruft sie – „Fass' dich!"
Dabei ist sie etwas hastig.
Ihre Haube, zart umflort,
wird von Fittigs Stock durchbohrt.

„Hehe!" — lacht der böse Schlich —
„Wie ich sehe, hat man sich!"
Wer sich freut, wenn wer betrübt,
macht sich meistens unbeliebt.

Lästig durch die große Hitze
ist die Pfannenkuchenmütze.

„Höchst fatal!" — bemerkte Schlich —
„Aber diesmal auch für mich!"

Sechstes Kapitel

Seht, da sitzen Plisch und Plum
voll Verdruss und machen brumm!
Denn zwei Ketten, gar nicht lang,
hemmen ihren Tatendrang.

Und auch Fittig hat Beschwerden.
Dies – denkt er – muss anders werden!
Tugend will ermuntert sein,
Bosheit kann man schon allein!

Daher sitzen Paul und Peter
jetzt vor Bokelmanns Katheder.
Und Magister Bokelmann
hub wie folgt zu reden an:
„Geliebte Knaben, ich bin erfreut,
dass ihr nunmehro gekommen seid,

um, wie ich hoffe, mit allen Kräften
Augen und Ohren auf mich zu heften.
Zum Ersten: Lasset uns fleißig betreiben
Lesen, Kopf-, Tafelrechnen und Schreiben,
alldieweil der Mensch durch sotane Künste
zu Ehren gelanget und Brotgewinste.
Zum Zweiten: Was würde das aber besagen
ohne ein höfliches Wohlbetragen.
Denn wer nicht höflich nach allen Seiten,
hat doch nur lauter Verdrießlichkeiten.
Darum zum Schlusse – denn sehet, so bin ich –
bitt' ich euch dringend, inständigst und innig:
Habt ihr beschlossen in eurem Gemüte,
meiner Lehre zu folgen in aller Güte,
so reichet die Hände und blicket mich an
und sprechet: Jawohl, Herr Bokelmann!"

Paul und Peter denken froh:
„Alter Junge, bist du so?"
Keine Antwort geben sie,
sondern machen bloß hihi!
Worauf er, der leise pfiff,
wiederum das Wort ergriff.
„Dieweil ihr denn gesonnen," – so spricht er –
„euch zu verhärten als Bösewichter,
so bin ich gesonnen, euch dahingegen
allhier mal über das Pult zu legen,
um solchermaßen mit einigen Streichen
die harten Gemüter euch zu erweichen."

Flugs hervor aus seinem Kleide,
wie den Säbel aus der Scheide,
zieht er seine harte, gute,
schlanke, schwanke Haselrute,

fasst mit kund'ger Hand im Nacken
Paul und Peter bei den Jacken
und verklopft sie so vereint,
bis es ihm genügend scheint.

„Nunmehr" — so sprach er in guter Ruh' —
„meine lieben Knaben, was sagt ihr dazu?
Seid ihr zufrieden und sind wir einig?"
„Jawohl, Herr Bokelmann!", riefen sie schleunig.

Dies ist Bokelmanns Manier,
dass sie gut, das sehen wir.
Jeder sagte, jeder fand:
„Paul und Peter sind charmant!"

Aber auch für Plisch und Plum
nahte sich das Studium
und die nötige Dressur,
ganz wie Bokelmann verfuhr.

Bald sind beide kunstgeübt,
daher allgemein beliebt,
und, wie das mit Recht geschieht,
auf die Kunst folgt der Profit.

Schluss

Zugereist in diese Gegend,
noch viel mehr als sehr vermögend,
in der Hand das Perspektiv,
kam ein Mister namens Pief.
„Warum soll ich nicht beim Gehen" –
sprach er – „in die Ferne sehen?
Schön ist es auch anderswo,
und hier bin ich sowieso."

Hierbei aber stolpert er
in den Teich und sieht nichts mehr.

„Paul und Peter, meine Lieben,
wo ist denn der Herr geblieben?",
fragte Fittig, der mit ihnen
hier spazieren geht im Grünen.

Doch wo der geblieben war,
wird ihm ohne dieses klar.
Ohne Perspektiv und Hut
steigt er ruhig aus der Flut.

„Allez, Plisch und Plum, apport!",
tönte das Kommandowort.
Streng gewöhnt an das Parieren
tauchen sie und apportieren

das Vermisste prompt und schnell.
Mister Pief sprach: „Weriwell!
Diese zwei gefallen mir!
Wollt ihr hundert Mark dafür?"
Drauf erwidert Papa Fittig
ohne weiters: „Ei, da bitt' ich."
Er fühlt sich wie neu bestärkt,
als er so viel Geld bemerkt.

„Also, Plisch und Plum, ihr beiden,
lebet wohl, wir müssen scheiden,
ach, an dieser Stelle hier,
wo vor einem Jahr wir vier
in so schmerzlich süßer Stunde
uns vereint zum schönen Bunde.
Lebt vergnügt und ohne Not,
Beefsteak sei euer täglich' Brot!"

Schlich, der auch herbeigekommen,
hat dies alles wahrgenommen.
Fremdes Glück ist ihm zu schwer.
„Recht erfreulich!" − murmelt er −
„Aber leider nicht für mich!"
Plötzlich fühlt er einen Stich,
kriegt vor Neid den Seelenkrampf,
macht geschwind noch etwas Dampf.

Fällt ins Wasser, dass es zischt
und der Lebensdocht erlischt.
Einst belebt von seinem Hauche,
jetzt mit spärlich mattem Rauche,

glimmt die Pfeife noch so weiter
und verzehrt die letzten Kräuter.
Noch ein Wölkchen blau und kraus −
Phütt! ist die Geschichte aus.

Gedichte

Die Meise

Auguste, wie fast jede Nichte,
Weiß wenig von Naturgeschichte.
Zu bilden sie in diesem Fache,
Ist für den Onkel Ehrensache.
„Auguste", sprach er, „glaub es mir,
Die Meise ist ein nettes Tier.
Gar zierlich ist ihr Leibesbau,
Auch ist sie schwarz, weiß, gelb und blau.
Hell flötet sie und klettert munter
Am Strauch kopfüber und kopfunter.
Das härtste Korn verschmäht sie nicht,
Sie hämmert, bis die Schale bricht.
Mohnköpfen bohrt sie mit Verstand
Ein Löchlein in den Unterrand,
Weil dann die Sämerei gelind
Von selbst in ihren Schnabel rinnt.
Nicht immer liebt man Fastenspeisen,
Der Grundsatz gilt auch für die Meisen.
Sie gucken scharf in alle Ritzen,
Wo fette Käferlarven sitzen,
Und fangen sonst noch Myriaden
Insekten, die dem Menschen schaden;
Und hieran siehst du außerdem,
Wie weise das Natursystem." –
So zeigt' er, wie die Sache lag.
Es war kurz vor Martinitag.

Wer da vernünftig ist und kann's
Sich leisten, kauft sich eine Gans.
Auch an des Onkels Außengiebel
Hing eine solche, die nicht übel,
Um, nackt im Freien aufgehangen,
Die rechte Reife zu erlangen.
Auf diesen Braten freute sich
Der Onkel sehr und namentlich
Vor allem auf die braune Haut,
Obgleich er sie nur schwer verdaut.
Martini kam, doch kein Arom
Von Braten spürt' der gute Ohm.
Statt dessen trat voll Ungestüm
Die Nichte ein und zeigte ihm
Die Gans, die kaum noch Gans zu nennen,
Ein Scheusal, nicht zum Wiederkennen,
Zernagt beinah bis auf die Knochen.
Kein Zweifel war, wer dies verbrochen,
Denn deutlich lehrt der Augenschein,
Es konnten nur die Meisen sein.
Also, ade, du braune Kruste! –
„Ja, lieber Onkel", sprach Auguste,
Die gern, nach weiblicher Manier,
Bei einem Irrtum ihn ertappt:
„Die Meise ist ein nettes Tier.
Da hast du wieder recht gehabt."

Die Freunde

Zwei Knaben, Fritz und Ferdinand,
Die gingen immer Hand in Hand,
Und selbst in einer Herzensfrage
Trat ihre Einigkeit zutage.
Sie liebten beide Nachbars Käthchen,
Ein blondgelocktes kleines Mädchen.
Einst sagte die verschmitzte Dirne:
„Wer holt mir eine Sommerbirne,
Recht saftig, aber nicht zu klein?
Hernach soll er der Beste sein.‟
Der Fritz nahm seinen Freund beiseit
Und sprach: „Das machen wir zu zweit;
Da drüben wohnt der alte Schramm,
Der hat den schönsten Birnenstamm;
Du steigst hinauf und schüttelst sacht,
Ich lese auf und gebe acht.‟
Gesagt, getan. Sie sind am Ziel.
Schon als die erste Birne fiel,
Macht' Fritz damit sich aus dem Staube,
Denn eben schlich aus dunkler Laube,
In fester Faust ein spanisch Rohr,
Der aufmerksame Schramm hervor.
Auch Ferdinand sah ihn beizeiten
Und tät am Stamm heruntergleiten
In Ängstlichkeit und großer Hast,
Doch eh' er unten Fuß gefasst,
Begrüßt ihn Schramm bereits mit Streichen,
Als wollt' er einen Stein erweichen.
Der Ferdinand voll Schmerz und Hitze,
Entfloh und suchte seinen Fritze.
Wie angewurzelt blieb er stehn.
Ach, hätt' er es doch nie gesehn:
Die Käthe hat den Fritz geküsst,
Worauf sie eine Birne isst. –
Seit dies geschah, ist Ferdinand
Mit Fritz nicht mehr so gut bekannt.

Der weise Schuhu

Der Schuhu hörte stets mit Ruh,
wenn zwei sich disputierten, zu. –
Mal stritten sich der Storch und Rabe,
Was Gott der Herr zuerst erschaffen habe,
Ob erst den Vogel oder erst das Ei.
„Den Vogel!‟, schrie der Storch.
„Das ist doch klar wie Brei!‟
Der Rabe krächzt: „Das Ei, wobei ich bleibe;
Wer's nicht begreift, hat kein Gehirn im Leibe!‟
Da fingen an zu quaken
Zwei Frösch in grünen Jacken.
Der eine quakt: „Der Storch hat recht!‟
Der zweite quakt: „Der Rab' hat recht!‟
„Was?‟, schrien die beiden Disputaxe.
„Was ist denn das für ein Gequakse?‟ –
Der Streit erlosch. –
Ein jeder nimmt sich einen Frosch,
Der schmeckt ihm gar nicht schlecht.
Ja, denkt der Schuhu, so bin ich!
Der Weise schweigt und räuspert sich!

Hund und Katze

Miezel, eine schlaue Katze,
Molly, ein begabter Hund,
Wohnhaft an demselben Platze,
Hassten sich aus Herzensgrund.

Schon der Ausdruck ihrer Mienen,
Bei gesträubter Haarfrisur,
Zeigt es deutlich: Zwischen ihnen
Ist von Liebe keine Spur.

Doch wenn Miezel in dem Baume,
Wo sie meistens hin entwich,
Friedlich dasitzt, wie im Traume,
Dann ist Molly außer sich.

Beide lebten in der Scheune,
Die gefüllt mit frischem Heu.
Alle beide hatten Kleine,
Molly zwei und Miezel drei.

Einst zur Jagd ging Miezel wieder
Auf das Feld. Da geht es bumm.
Der Herr Förster schoss sie nieder.
Ihre Lebenszeit ist um.

Oh, wie jämmerlich miauen
Die drei Kinderchen daheim.
Molly eilt, sie zu beschauen,
Und ihr Herz geht aus dem Leim.

Und sie trägt sie kurz entschlossen
Zu der eignen Lagerstatt,
Wo sie nunmehr fünf Genossen
An der Brust zu Gaste hat.

Mensch mit traurigem Gesichte,
Sprich nicht nur von Leid und Streit.
Selbst in Brehms Naturgeschichte
Findet sich Barmherzigkeit.

Rotkehlchen

Rotkehlchen auf dem Zweige hupft –
wipp, wipp! –,
Hat sich ein Beerlein abgezupft –
knipp, knipp! –,
Lässt sich zum klaren Bach hernieder,
Tunkt's Schnäblein ein und hebt es wieder –
stipp, stipp, nipp, nipp! –
Und schwingt sich wieder in den Flieder.
Es singt und piepst ganz allerliebst –
zipp, zipp, zipp, zipp, tirili! –
Sich seine Abendmelodie,
Steckt's Köpfchen dann ins Federkleid
Und schlummert bis zur Morgenzeit.

Der Wetterhahn

Wie hat sich sonst so schön der Hahn
Auf unserm Turm gedreht
Und damit jedem kundgetan,
Woher der Wind geweht.

Doch seit dem letzten Sturme hat
Er keinen rechten Lauf;
Er hängt so schief, er ist so matt,
Und keiner schaut mehr drauf.

Jetzt leckt man an den Finger halt
Und hält ihn hoch geschwind.
Die Seite, wo der Finger kalt,
Von daher weht der Wind.

Fuchs und Gans

Es war die erste Maiennacht.
Kein Mensch im Dorf hat mehr gewacht.
Da hielten, wie es stets der Fall,
Die Tiere ihren Frühlingsball.
Die Gans, die gute Adelheid,
Fehlt nie bei solcher Festlichkeit.
Obgleich man sie nach altem Brauch
Zu necken pflegt. So heute auch.
„Frau Schnabel", nannte sie der Kater.
„Frau Plattfuß!", rief der Ziegenvater.
Doch sie, zwar lächelnd, aber kühl,
Hüllt sich in sanftes Selbstgefühl.
So saß sie denn in ödem Schweigen
Allein für sich bei Spiel und Reigen,
Bei Freudenlärm und Jubeljux.
Sieh da, zum Schluss hat auch der Fuchs
Sich ungeladen eingedrängelt.
Schlau hat er sich herangeschlängelt.
„Ihr Diener", säuselt er galant,
„Wie geht's der Schönsten in Brabant?

Ich küss' der gnäd'gen Frau den Fittich.
Ist noch ein Tänzchen frei, so bitt' ich."
Sie nickt verschämt: „O Herr Baron!"
Indem so walzen sie auch schon.
Wie trippeln die Füße, wie wippeln die Schwänze
Im lustigen Kehraus, dem letzten der Tänze.
Da tönt es vier mit lautem Schlag.
Das Fest ist aus. Es naht der Tag.
Bald drauf, im frühsten Morgenschimmer,
Ging Mutter Urschel aus, wie immer,
Mit Korb und Sichel, um verstohlen
Sich etwas fremden Klee zu holen.
An einer Hecke bleibt sie stehn.
„Herrje, was ist denn hier geschehn?
Die Füchse, sag' ich, soll man rädern.
Das sind wahrhaftig Gänsefedern.
Ein frisches Ei liegt dicht daneben.
Ich bin so frei, es aufzuheben.
Ach, armes Tier", sprach sie bewegt,
„Dies Ei hast du vor Angst gelegt."

© Schwager & Steinlein Verlag GmbH
Emil-Hoffmann-Straße 1, 50996 Köln
Gesamtherstellung: Schwager & Steinlein Verlag GmbH
Alle Rechte vorbehalten
www.schwager-steinlein-verlag.de